Martin Schädler

IPv4 IPv6-Migration

GRIN Verlag

Bibliografische Information der Deutschen Nationalbibliothek:

Die Deutsche Bibliothek verzeichnet diese Publikation in der Deutschen National-
bibliografie; detaillierte bibliografische Daten sind im Internet über http://dnb.d-
nb.de/ abrufbar.

Impressum:

Copyright © 2004 GRIN Verlag GmbH
Druck und Bindung: Books on Demand GmbH, Norderstedt Germany
ISBN: 978-3-640-82709-1

Dieses Buch bei GRIN:

http://www.grin.com/de/e-book/33185/ipv4-ipv6-migration

GRIN - Your knowledge has value

Der GRIN Verlag publiziert seit 1998 wissenschaftliche Arbeiten von Studenten, Hochschullehrern und anderen Akademikern als eBook und gedrucktes Buch. Die Verlagswebsite www.grin.com ist die ideale Plattform zur Veröffentlichung von Hausarbeiten, Abschlussarbeiten, wissenschaftlichen Aufsätzen, Dissertationen und Fachbüchern.

Besuchen Sie uns im Internet:

http://www.grin.com/

http://www.facebook.com/grincom

http://www.twitter.com/grin_com

Bibliografische Information der Deutschen Nationalbibliothek:

Die Deutsche Bibliothek verzeichnet diese Publikation in der Deutschen National-
bibliografie; detaillierte bibliografische Daten sind im Internet über http://dnb.d-
nb.de/ abrufbar.

Impressum:

Copyright © 2004 GRIN Verlag GmbH
Druck und Bindung: Books on Demand GmbH, Norderstedt Germany
ISBN: 978-3-640-82709-1

Dieses Buch bei GRIN:

http://www.grin.com/de/e-book/33185/ipv4-ipv6-migration

GRIN - Your knowledge has value

Der GRIN Verlag publiziert seit 1998 wissenschaftliche Arbeiten von Studenten, Hochschullehrern und anderen Akademikern als eBook und gedrucktes Buch. Die Verlagswebsite www.grin.com ist die ideale Plattform zur Veröffentlichung von Hausarbeiten, Abschlussarbeiten, wissenschaftlichen Aufsätzen, Dissertationen und Fachbüchern.

Besuchen Sie uns im Internet:

http://www.grin.com/

http://www.facebook.com/grincom

http://www.twitter.com/grin_com

IPv4 IPv6-Migration

Winfoline Bildungsnetzwerk

Fallstudie
betreut durch den Lehrstuhl für Informatik
der Universität Mannheim

Autor:

Martin Schaedler

Inhalt

Ausgangsbasis

Die Entwicklung des IPv4 (Internet Protocol version 4) Protokolls als Standard für den Internet-Vorläufer ARPANet erfolgte Anfang der 80er Jahre und liegt damit über 20 Jahre zurück. Seither hat das Wachstum des Internets alle Prognosen bei weitem übertroffen, die RIPE (Réseaux IP Européens) Statistik zählt mittlerweile weit über 200 Mio., permanent ans Internet angeschlossene Hosts in ihrem Einzugsbereich, mit einer geschätzten Wachstumsrate von ca. 100% pro Jahr. Vor diesem Hintergrund ist davon auszugehen, dass die zur Adressierung zur Verfügung stehenden IP-Adressen zunehmend knapper werden. Da diese Entwicklung seit längerem absehbar ist, startete die IETF (Internet Engineering Task Force) bereits 1991 mit der Entwicklung eines IPv4 Nachfolgers. Aus mehreren Vorschlägen wurde 1994 IPv6 ausgewählt, das neben dem weitaus größeren Adressraum weitere Verbesserungen im Vergleich zu IPv4 bietet.

In der vorliegenden Fallstudie wird davon ausgegangen, dass der Adressraum von IPv4 bereits in etwa 2 Jahren erschöpft sein wird. Als CTO (Chief Technology Officer) eines ISPs (Internet Service Providers) soll nun eine Strategie für die Umstellung von IPv4 auf IPv6 erstellt werden. Dabei ist zu berücksichtigen, dass Kunden des ISP für noch ca. 4 Jahre eine IPV4-Anbindung mit fest zugeordneten Adressen benötigen und darüber hinaus Anbindungen zu weiteren ISPs unterhalten werden müssen, welche die IPv6 Migration erst in etwa drei Jahren abschließen werden. Diese Anbindungen müssen für die Übergangszeit weiter unterhalten werden.

Um die Technischen Grundlagen und Problemstellungen zu beleuchten, wird vor der konkreten Darstellung einer Migrationsstrategie erläutert, weshalb ein Umstieg von IPv4 auf IPv6 notwendig ist und wo die wesentlichen technischen Unterschiede liegen.

1 IPv6 – Internet Protokoll der nächsten Generation

1.1 Defizite von IPv4

Bis Anfang der 90er Jahre wurde das Internet, dessen Vorläufer ARPANET und MILNET ursprünglich aus einer militärischen Initiative heraus entstanden sind, hauptsächlich für wissenschaftliche Zwecke genutzt und war demzufolge auf einen überschaubaren Anwenderbereich beschränkt. Seit der Einführung des World Wide Web durch Tim Berners-Lee im Jahre 1991 entwickelte sich das Internet zu einem Massenmedium, was zu bis dahin nicht vorstellbaren Wachstumsraten führt, sowohl auf Anwender- wie Hostseite. Schon zu Beginn dieser Entwicklung erschien absehbar, dass der IPv4 Adressraum von 32 bit, der maximal 2^{32} (ca. 4,3 Mrd.) IP Adressen erlaubt, zunehmend knapper und bald erschöpft sein wird. Die Anzahl der real verfügbaren Netzwerkadressen wird durch die komplizierte Einteilung des Adressraums in Class A, B und C und seit 1998 in D und E Netzwerke zusätzlich verringert.

Da IP Adressen unabhängig vom geographischen Standort oder sonstigen Gruppierungsmerkmalen vergeben werden, ist der Adressbereich stark fragmentiert, was zu einem starken Anwachsen der Routing Tables führt. Dies bedeutet letztlich, dass der Speicherbedarf für die Routing Tables stark anwächst und das Routing der Nachrichtenpakete zunehmend ineffizienter wird.

Ein weiteres Defizit des IPv4 Protokolls besteht in der ungenügenden Unterstützung der stark zunehmenden mobilen Endgeräte. Da im IPv4 Netz die Adresse bei der Einbuchung ins Netz abhängig vom Zugangspunkt vergeben wird, ist der Nutzer nicht durchgängig unter der selben IP Adresse erreichbar, weshalb jede Kommunikation mit dem mobilen Endgerät beim Adressewechsel beendet und neu gestartet werden muss. Um stets die selbe IP Adresse nutzen zu können, muss die Konfiguration des mobilen Endgeräts jeweils angepasst werden, z.B durch Nutzung eines Proxys. Werden auf diesem Gerät auch Dienste angeboten, muss die IP Adresse darüber hinaus den Dienstnutzern bei jeder Einbuchung bekannt gemacht werden. Beides ist bei häufiger Einbuchung nicht möglich [Braun1999, S. 98]. Weiter verlangen mobile Endgeräte wie z.B. Mobiltelefone oder PDAs aufgrund des geringeren Datendurchsatzes nach einer effizienten Datenübertragung, die durch das Anwachsen der Routing Tables jedoch zunehmend ineffizienter wird.

Die Erfahrung hat weiterhin gezeigt, dass der Header von IPv4 Bereiche für Informationen enthält, die vielfach überhaupt nicht benötigt werden. Hierzu zählen z.b. die 13 Bit für den Fragment Offset, die nur dann genutzt werden, wenn das Paket tatsächlich fragmentiert ist. Die IPv4 Header Länge ändert sich deshalb abhängig von den mitgegebenen Informationen, was die Beschleunigung der Paketverarbeitung auf Routern durch Hardwareunterstützung starkt erschwert [Style2003].

Die zunehmende, kommerzielle Nutzung des Internets fordert darüber hinaus weitergehende Sicherheitsmechanismen, so z.B. eine Sicherung auf der Ebene des Internet Protokols. Diese fehlt bei IPv4 und muss auf höheren Protokollebenen (z.B. durch HTTPS) und auf der Anwendungsschicht für jede Applikation aufs neue implementiert werden.

Die ebenso für den kommerziellen Einsatz notwendige Sicherstellung einer definierten Quality of Service (QoS) ist in IPv4 vorgesehen, was im Header an den 8 Bit für den Type of Service (ToS) ersichtlich ist. QoS definiert die Fähigkeit eines Netzes, den Datenstrom in Klassen zu unterteilen und diese unterschiedlich zu behandeln [Hust2000]. Die Spezifikation der verschiedenen Servicetypen in IPv4 wurde jedoch nie vollkommen standardisiert, mit der Folge, dass die Dienstgüte aufgrund fehlender gemeinsamer Konventionen nicht eindeutig spezifiziert und damit nicht garantiert werden kann. Die Bereitstellung von privilegierten Diensten mit garantierten Bandbreiten ist jedoch wirtschaftlich sehr interessant, z.B. für die Bereitstellung einer hohen Übertragungsrate und -qualität bei Video on Demand (VoD) Anwendungen.

An diesem Beispiel lässt sich auch ein weiteres Defizit von IPv4 festmachen: die fehlende Multicasting Fähigkeit. In IPv4 muss das Datenvolumen bei VoD für jeden Dienstteilnehmer neu übertragen werden, was zum einen unwirtschaftlich ist, zum anderen zu einem hohen Datentransferaufkommen führt.

Im Summe lassen sich somit eine Reihe von Defiziten bei IPv4 diagnostizieren, die sich in den folgenden Punkten zusammenfassen lassen:

- 32 Bit Adressbereich ist zu klein

- Routing wird zunehmend ineffizient

- Unterstützung für mobile Geräte ist unzureichend

- Header enthält häufig unnötige Informationen

- Keine (integrierten) Sicherheitsmechanismen vorhanden

- Bereitstellung einer zugesicherten Dienstgüte (Qos) ist nicht möglich

- Keine Multicasting Fähigkeit

1.2 Unterschiede von IPv4 und IPv6

Diese Defizite von Ipv4 wurden bei der Entwicklung des IPv6 Protokolls berücksichtigt. Deshalb werden im Folgenden zur Herausarbeitung der Unterschiede von IPv4 und IPv6 die oben diagnostizierten Defizite von IPv4 herangezogen.

Um die zur Verfügung stehende Anzahl der IP Adressen zu erhöhen, wurde mit IPv6 der Adressraum auf 128 Bit vergrößert. Statt der bei 32 Bit rechnerisch verfügbaren ca. 4,3 Mrd. Adressen bietet der 128 Bit Adressraum 2^{128}, also ca. $3,4 * 10^{38}$ Adressen. Diese Zahl scheint unglaublich hoch, betrachtet man jedoch das vom IAB (Internet Architecture Board), einer IETF Arbeitgruppe, zugrunde gelegte Zukunftsszenario, geht man im Jahr 2020 von einer Weltbevölkerung mit 10 Mrd. Menschen aus, von denen jeder durchschnittlich 100 Computer mit eigener IP Adresse besitzt. Dies ist nicht unrealistisch, wenn man sich vorstellt, dass zukünftig nahezu jedes elektronische Gerät, vom Herzschrittmacher bis zum Kühlschrank, an ein Netzwerk angebunden werden kann. Selbst dieses Szenario schien den Verantwortlichen zu knapp bemessen, so dass die Zielwerte für den Adressraum von IPv6 auf 10^{15} Computer, die über 10^{12} Netzwerke verbunden sind, festgelegt wurden. Unter Berücksichtigung von Ineffizienzen bei der Adressvergabe wurde der IPv6 Adressraum schließlich auf 128 Bit festgelegt [Huit2000, S. 12ff]. Im Unterschied zu IPv4 Adressen, die dezimal in 4 Gruppen zu jeweils einem Byte, getrennt durch einen Punkt, dargestellt werden, sind IPv6 Adressen hexadezimal und in 8 Gruppen zu je zwei Byte, getrennt durch einen Doppelpunkt, unterteilt:

IPv4 Notation: 222.168.12.1

IPv6 Notation: 5F15:A1CD:1E34:5378:9AFC:18A4:5F78:8907

6

Adressen mit führenden Nullen können abgekürzt werden, was eine kompaktere Darstellung der Adresse und damit kürzere Einträge in den Routing Tables erlaubt [Brau1999, S. 61f].

Doch damit allein lässt sich das Problem der Routing Table Größen nicht in den Griff bekommen. Um die optimale Route zu einer Zieldestination zu berechnen, muss der Router einen Routing Table Eintrag vorhalten, was meistens nicht der Fall ist, da die Routing Tables schon zu groß sind. Durch Einführung von Hierarchien und Aggregation der Routing Table Einträge lässt sich dieses Problem lösen. IPv6 sieht deshalb ein hierarchisches Interdomain-Routing über Provideradressen vor, die eine effizientere Routing erlauben, als das Adressierungsschema von IPv4 [Huit2000, S. 75].

Die Unterstützung mobiler Endgeräte wird durch die Integration des Mobile IP Protokolls in Mobile IPv6 erheblich verbessert [Brau1999]. Mit Mobile IPv4 stand bereits ein entsprechendes Protokoll zur Verfügung. Mit der Entwicklung von IPv6 hat sich jedoch die Chance ergeben, Mobile IPv4 entsprechend weiterzuentwickeln und mit den neuen Eigenschaften von IPv6, allen voran der größere Adressraum und die Fähigkeit zur Selbstkonfiguration, zu vereinigen. Durch die Selbstkonfigurationsfähigkeit von IPv6 wird der Betrieb mobiler Endgeräte weiter vereinfacht, da die beim Standortwechsel ggf. notwendigen Konfigurationsanpassungen automatisiert werden. Handelt es sich beim mobilen Endgerät um einen Host, bedarf es zusätzlicher Protokolle zur Unterstützung der Basisfunktionalität von Mobile IPv6.

Wie anhand des Fragment Offset dargestellt wurde, enthält das IPv4 Headerformat Informationen, die häufig nicht benötigt werden. Der IPv6 Header wurde deshalb stark vereinfacht und alle nicht zwingend notwendigen Informationen in sogenannte optionale Erweiterungsheader ausgelagert. Der IPv6 Header besteht deshalb aus dem Basis Header mit 64 Bit, dem zweimal 128 Bit für die Sender- und Empfängeradresse folgen, während der IPv4 Header für die eigentlichen Header Informationen 96 Bit benötigt und für Sender- und Empfängeradresse nur jeweils 32 Bit reserviert, denen 32 Bit für (weitere) optionale Angaben folgen:

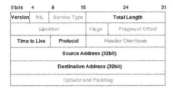

IPv4 Header				

0 bits	4	8	16	24	31
Version	IHL	Service Type		Total Length	
	Identifier		Flags	Fragment Offset	
Time to Live		Protocol		Header Checksum	
Source Address (32bit)					
Destination Address (32bit)					
Options and Padding					

IPv6 Header				

0	4	12	16	24	31
Version	Class		Flow Label		
Payload Length			Next Header		Hop Limit
Source Address (128bit)					
Destination Address (128bit)					

Bild 1: IPv4- und IPv6 Header [Style2003]

Wie im Schaubild ersichtlich ist, hat die Größe des IPv6 Headers trotz des, mit insgesamt 256 Bit, viermal so großen Raums für Sender- und Empfängeradresse nur unwesentlich zugenommen, was an der oben angesprochenen Vereinfachung des IPv6 Headers liegt. Alle im Bild rot hervorgehobenen Elemente des IPv4 Headers wurden in Erweiterungsheader ausgelagert oder gleich weggelassen. Auf Erweiterungsheader, die optionale Angaben über Routing, Fragmentierung, Hop-Optionen und Sicherheit enthalten, weißt das Feld Next Header hin. Neben einer substantiellen Verkürzung wird dadurch die fixe Länge des IPv6 Basis Header sichergestellt, wodurch sich die Paketverarbeitung auf Routern durch Hardwarunterstützung beschleunigen lässt [Style2003]. Eine weitere Beschleunigung der Paketverarbeitung wird durch das Wegfallen des Feldes Header Checksum erreicht. Diese Prüfsumme wird kalkuliert, um sicherzustellen, dass der Header fehlerfrei übertragen wurde. Da sich jedoch das Feld Time to Live (TTL) im Zeitraum der Übertragung ändert, muss es bei jedem Hop durch den Router neu kalkuliert werden, was Zeit und Ressourcen benötigt.

Wie bereits am oben genannten Mobile IP Protokoll aufgezeigt, wurden bestehende Erweiterungen von IPv4 in die Entwicklung von IPv6 integriert. Dies trifft neben Mobile IP auch auf IPSec, eine Sicherheitserweiterung von IPv4 zu. Um IPSec für IPv4 einzusetzen,muss die entsprechende Erweiterung separat installiert und konfiguriert werden [Huit2000, S.155]. Mit der Integration von IPSec in den Protokoll-Stack von IPv6 entfällt diese Maßnahme, Authentifizierung und Verschlüsselung sind direkt in das Protokoll integriert.

Auch die Spezifikation einer zugesicherten Dienstgüte (QoS) ist wie im ersten Kapitel beschrieben, keine neue Möglichkeit von IPv6. Neu ist jedoch, dass die Spezifikation der QoS in IPv6 eindeutig und standardisiert ist, [Hust2000] so

8

dass die Verwendbarkeit von QoS-Informationen im Class Feld des IPv6 Headers zur Steuerung der Dienstgüte praktisch möglich wird.

Letztendlich korrigiert IPv6 auch die bei IPv4 fehlende Multicasting Fähigkeit die durch Erweiterung mit dem Internet Group Management Protocol (IGMP) und Class D Adressen zwar theoretisch umgangen werden können, jedoch nie umfassend implementiert wurden [Huit2000], so dass die Verschwendung von Netzwerkressourcen durch die immer stärker aufkommenden Streaminganwendungen nicht in den Griff zu bekommen ist. Im Rahmen der IPv6 Spezifikation wurde auch hier die Chance genutzt, IGMP direkt in das Internet Communication Management Protocol des IPv6 Stacks zu integrieren. Mit dem Upgrade auf IPv6 werden die Router somit automatisch multicastingfähig, ohne dass es einer besonderen Installation oder Konfiguration bedarf. Die flächendeckende Nutzung der Multicasting Adressierung wird dadurch möglich, was wiederum zu einer substantiellen Reduktion des Datenvolumens führen dürfte.

2 Ipv4 – Ipv6 Migration

Wie aus den bisherigen Ausführungen ersichtlich wurde, ist der Umstieg auf IPv6 wegen der zunehmend knapper werdenden IP Adressen in absehbarer Zeit unumgänglich und bringt darüber hinaus diverse Vorteile mit sich, die in Summe zu einer deutlichen Steigerung der Effizienz und Qualität führen.

Die Frage ist nun, wie der erforderliche Umstieg durch einen Internet Service Provider vollzogen werden kann. Wie aus der Themenstellung hervorgeht, ist eine Stichtagsumstellung aufgrund der noch 4 Jahre aufrechtzuerhaltenden IPv4 Verbindungen nicht möglich.

2.1 Migrationsverfahren

Da diese Übergangsszenarien die Regel sein werden, gibt es dedizierte technische Lösungen, die vorerst eine parallele Bereitstellung von IPv6 und IPv4 vorsehen. Dadurch wird sichergestellt, dass Netzteilnehmer unabhängig von der genutzten IP Version auf alle Netzwerkressourcen zugreifen können. Hierbei sind zwei Szenarien zu berücksichtigen. Zum einen müssen IPv6 Rechner mit den bestehenden IPv4 Rechnern kommunizieren, zum anderen muss sichergestellt werden, dass IPv6 Rechner untereinander über IPv4 Netzwerke kommunizieren können.

9

Da neben den bereits dargestellten Gründen für die IPv6 Migration gerade der reibungslose Umstieg von IPv4 auf IPv6 ein erfolgsentscheidendes Kriterium für den Roll-Out von IPv6 darstellt, widmet sich eine eigene Arbeitsgruppe der IETF, Next Generation Transition (ngtrans), dieser Herausforderung [IETF2002]. Ngtrans beschreibt in diversen RFCs (Request for Comments) im Kern drei technische Verfahren, mit denen eine Kompatibilität neuer IPv6 Hosts mit der großen Basis installierter IPv4 Hosts hergestellt werden kann.

2.1.1 Dual Stack

Beim Dual Stack Verfahren, werden Geräte mit zwei IP Stacks für das alte und neue Protokoll ausgerüstet. Somit kann eine Kommunikation zwischen reinen IPv6 und Ipv4 Systemen ermöglicht werden. In der Praxis läuft dies meist darauf hinaus, dass bestehende IPv4 Geräte mit IPv6 nachgerüstet werden. Dieses Verfahren basiert auf der Tatsache, dass sich IPv4 und IPv6 trotz aller Unterschiede im Kern doch sehr ähnlich sind [Huit2000, S. 207].

Anwendungsschicht	
TCP / UDP für IPv4	TCP / UDP für IPv6
IPv4	IPv6
Netzwerkschicht	

Bild 2: Dual Stack

Bei einer Kommunikation zwischen Geräten wird weiterhin das DNS (Domain Name System) zur Namensauflösung eingesetzt. Schlägt bspw. ein IPv4 Header auf einem Duals Stack Router auf, wird die angesprochene Domain mit einem DNS Server aufgelöst. Findet der DNS System eine sogenannte IPv4 mapped IPv6 Adresse, zeigt dies, dass das angesprochene Zielsystem IPv6 nicht unterstützt. Vom DNS Server wird dann die gemappte IPv4 Adresse zurückgegeben und die Kommunikation durch den Router über das konventionelle IPv4 Protokoll etabliert. Damit können in einem IPv6 Netzwerk IPv4 Applikationen weiterhin ohne Einschränkungen ausgeführt werden [Brau1999, S. 84f].

Dazu benötigt das Dual Stack Gerät jedoch zwei Adressen, eine IPv4 und eine IPv6 Adresse. Da hierdurch das Problem der knapper werdenden IPv4 Adressen nicht gelöst wird, wurde mit dem Dual Stack Transition Mechanism (DSTM) ein Verfahren entwickelt, bei dem IPv4 Adressen bei Bedarf lediglich temporär vergeben werden. Wird eine Verbindung aufgebaut, enthält ein Gerät eine IPv6 Adresse zugewiesen. Erst wenn das Gerät eine Kommunikation mit einem IPv4 Gerät etablieren will, teilt ihm das DHCPv6 Protokoll eine für diese Session befristete IPv4 Adresse zu und nimmt einen temporären Eintrag im DNS vor.

Zur parallelen Verwaltung von IPv6 und IPv4 Adressmengen ist eine Aktualisierung des DNS Dienstes notwendig, die einen höheren Speicherbedarf für die Ablage beider Adressmengen mit sich bringt. Darüber hinaus muss die Netzwerksoftware der beteiligten Router upgedatet und konfiguriert werden, um die parallele Verwendung beider Protokoll-Stacks zu ermöglichen. Da die meisten Router neben IP sowieso weitere Protokolle wie z.B. IPX oder Appletalk unterstützen, stellt IPv6 nur eine weitere Protokollimplementierung dar [Huit2000, S.207ff].

2.1.2 Tunneling

Das Dual Stack verfahren erlaubt die Kommunikation reiner IPv6 Syteme mit IPv4 Systemen. Wird die Kommunikation zwischen reinen IPv6 Systemen jedoch durch IPv4 Systeme unterbrochen, ist die Vermittlung nicht mehr möglich. Für diesen Anwendungsfall wurde das Tunneling Verfahren (Encapsulation) entwickelt.

Beim Tunneling wird das IPv6 Paket zum Durchlaufen von reinen IPv4 Infrastrukturen getunnelt, indem es in einen IPv4 kompatiblen Umschlag gekapselt wird. Beim Erreichen eines IPv6 tauglichen Geräts (Tunnelende) wird dieser Umschlag ausgepackt und das IPv6 Paket weiterverarbeitet [Brau1999, S.85f]. Der Umschlag ist nichts anderes, als ein IPv4 kompatibler Header. Dieses Verfahren ist auch umgekehrt denkbar, um IPv4 Pakete durch IPv6 Umgebungen zu tunneln. In jedem Fall müssen die vermittelnden Router beide Protokoll Stacks unterstützen.

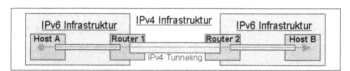

Bild 3: Tunneling einer IPv4 Infrastruktur

Das obige Beispiel stellt das Tunneling einer IPv4 Infrastruktur dar. Der IPv6 fähige Host A leitet ein IPv6 Paket an den Router 1 weiter, der das Paket tunnelt, indem er einen IPv4 Header voranstellt. Das IP Paket kann so vom Router 1 durch eine IPv4 Umgebung zum Router 2 transportiert werden, der es wieder entpackt, indem der IPv4 Header entfernt wird und es danach als IPv6 Paket an den Zielhost B weitergeroutet wird.

1. Neben diesem Router zu Router Tunneling genannten Verfahren gibt es 3 weitere mögliche Szenarien:

2. Host zu Router Tunneling: Ein Ipv6 Host tunnelt Pakete durch eine IPv4 Umgebung zu einem IPv6 Router.

12

3. Router zu Host Tunneling: Ein IPv6 Router tunnelt Pakete durch eine IPv4 Umgebung zu einem IPv6 Host.

4. Host zu Host Tunneling: Hier wird ein Paket zwischen zwei IPv6 Hosts durch eine IPv4 Umgebung getunnelt.

Bei den ersten beiden Szenarien ist ein Router und nicht der Zielhost der Tunnelendpunkt, der das Paket entpacken und an den Zielhost weiterleiten muss. Da es keinen Zusammenhang zwischen der IPv4 Adresse des Routers und der IPv6 Adresse des Zielhosts gibt, kann sie nicht über diese ermittelt werden. Die Adresse des Routers muss deshalb manuell konfiguriert werden, was als konfiguriertes Tunneling bezeichnet wird.

Anders bei den Szenarien 3. und 4. Hier stimmt die Adresse des Tunnelendpunkts mit der Zieladresse überein, weshalb die IPv4 Adresse des Tunnelendpunkts automatisch über die IPv6 Adresse ermittelt werden kann. Dieses Verfahren bezeichnet man deshalb als automatisches Tunneling [Brau1999, S.85f].

2.1.3 Weitere Verfahren

Die bislang vorgestellten Verfahren sind nur so lange einsetzbar, wie feste IPv4 Adressen vergeben werden können. Ab dann erhalten neue IPv6 Knoten keine festen IPv4 Adressen mehr. Doppelte Protokoll Stacks wären dann nicht mehr einsetzbar, weshalb neue Wege gefunden werden müssen, um die Kommunikation zwischen IPv4 und IPv6 Systemen zu gewährleisten. Dies ist in einer späteren Stufe der Migration zu einem IPv6 Internet der Fall.

Es lassen sich zwei Verfahren unterscheiden:

NNAT (No Network Address Translation) setzt die dynamische Allokation von IPv4 Adressen aus einem Pool von Adressen voraus, der zur dynamischen Vergabe an IPv6 Systeme reserviert ist. Ist die dynamische IPv4 Adresse über einen DNS Server an den IPv6 Knoten vergeben worden, kann die Kommunikation, wie beim Dual Stack Verfahren beschrieben, etabliert werden. Voraussetzung dazu ist natürlich, dass beide Protokolle auf dem IPv6 Knoten installiert sind.

Beim zweiten Verfahren ist es dagegen nicht notwendig, dass beide Protokoll-Stacks auf den Geräten vorhanden sein müssen. NAT (Network Address Translation) oder Header Translation basiert auf der Übersetzung von IPv4 und IPv6 Adressen durch einen zwischengeschalteten Proxy-Rechner (Header Translator). Dieser parst IPv4 Feldinformationen in ein IPv6 Header Format und umgekehrt. Problematisch ist, dass die Feldstruktur der beiden IP Versionen nur bedingt übereinstimmen, weshalb bei der Übersetzung teilweise Informationen entfallen oder in IPv6 Erweiterungsheader ausgelagert werden [Brau1999]. Ein IPv6 Header enthält z.b. kein Pendant für das IPv4 Feld Fragment Offset, weshalb dieses in einem IPv6 Erweiterungsheader untergebracht werden muss. Umgekehrt können die IPv6 Sicherheitsfeatures von IPv4 nur mit einer IPSec Implementierung verarbeitet werden. Auf die Übersetzung von einigen IPv6 Erweiterungsheadern wird sogar verzichtet. Wichtigste Aufgabe des Header Translators ist jedoch nicht die Übersetzung des Basis Headers, sondern der IPv4 und IPv6 Adressen. Bei einem IPv6 System erfolgt dies durch temporäre Allokation und Umwandlung einer IPv4 Adresse in eine IPv6 Adresse und bei IPv4 Systemen durch die Übersetzung der IPv4 Adresse in das IPv6 Adressformat.

2.2 Migrationsstrategie für den ISP

Für den Internet Service Provider bietet sich auf Basis der Aufgabenstellung folgende Migrationsstrategie an.

In einer Vorstufe sollte parallel zur bestehenden IPv4 Infrastruktur eine lokale Testinstallation von IPv6 aufgebaut und das 6Bone, ein IPv6 Backbone Netz, angebunden werden. Dazu muss ein lokaler Rechner als Host aufgesetzt und mit IPv6 bestückt werden. Dieser Host kann über einen IPv6 Router an den 6 Bone angebunden werden. Nachdem der ISP Erfahrungen mit dem Betrieb und Aufbau der IPv6 Testinstallation gesammelt hat, kann der produktive Einsatz von IPv6 vorbereitet werden.

Als einfachste Vorgehensweise würde sich für den ISP anbieten, weiter ausschließlich IPv4 zu betreiben. IPv4 Nutzer könnten den Provider wie gewohnt nutzen und IPv6 Nutzer müssten den ISP durch konfiguriertes Tunneling auf dem Weg zum Zielhost oder einem IPv6 Netz überbrücken. Diese Vorgehensweise ist im Hinblick auf die Aufgabenstellung nicht akzeptabel. Zum einen kann der ISP so keine IPv6 Mehrwertdienste anbieten [Brau1999, S. 92], zum anderen müssen die IPv6 fähigen Kunden für das Tunneling sorgen. Beides führt aus betriebswirtschaftlicher Sicht zu einer schlechteren Wettbewerbsposition im Vergleich zu IPv6 fähigen ISPs.

Um dies zu verhindern, muss der ISP zumindest minimal IPv6 fähig sein. In einem ersten operativen Schritt bietet sich deshalb an, IPv6 Zugangspunkte in Form von Dual Stack Routern für die Benutzer bereitzustellen. IPv6 Mehrwert-dienste kann der ISP seinen Kunden deshalb nicht anbieten, aber zumindest müssen diese keine Tunnelung des ISPs mehr konfigurieren. Die IPv4 fähigen Kunden, die für mindestens 4 Jahre weiterversorgt werden müssen, können die IPv4 Infrastruktur des ISPs weiterhin nutzen.

Um IPv6 Mehrwertdienste anbieten zu können, muss der ISP die entsprechen-den IPv6 WWW Server über Tunnel an die IPv6 fähigen Router anbinden. Da es sich hierbei um eine Host zu Router Kommunikation handelt, kann das automatische Tunneling genutzt werden. Auf diese Weise kann der ISP seine IPv6 Infrastruktur durch sukzessive Anbindung von IPv6 Geräten über Tunnels, bei Aufrechterhaltung der bestehenden IPv4 Infrastruktur, nach und nach erweitern, bis letztendlich alle Tunnels entfallen können, da IPv6 fähige Geräte direkt erreicht werden können [Brau1999, S. 92].

Die Anbindung zu weiteren ISPs wird ebenfalls über Dual Stack Router erfolgen. Solange das Internet eine IPv4 dominiertes Netzwerk ist, wird die IPv6 Kommunikation getunnelt werden müssen. Die Router zu Router Konfiguration der entsprechenden Tunnels muss durch konfiguiertes Tunneling hergestellt werden.

Die bislang vorgestellten Verfahren sind nur so lange einsetzbar, wie feste IPv4 Adressen vergeben werden können. Da dies lt. Aufgabenstellung in ca. 2 Jahren nicht mehr der Fall ist, muss sich der ISP in einer zweiten Stufe der Migration zum reinen IPv6 Provider darauf vorbereiten, dass das bislang genützte Dual Stack Verfahren in der bekannten Form nicht mehr eingesetzt werden kann. Die Infrastruktur des ISP muss deshalb binnen zwei Jahren in der Lage sein, die oben beschriebenen NNAT und Header Translation zu unterstützen.

Nach weiteren zwei Jahren werden sowohl Kunden und andere ISPs IPv6 fähige Geräte einsetzen, so dass in einer dritten Phase der Umstieg auf das reine IPv6

Internet vollzogen werden kann. Die bislang parallel betriebene IPv4 Infrastruktur kann damit entfallen.

3 Fazit

Die vorliegende Arbeit hat dargestellt, dass die Unterstützung von IPv6 in den nächsten Jahren zwingend erforderlich sein wird, um dem Problem zunehmend knapper werdender IPv4 Adressen zu begegnen. Doch IPv6 bietet mehr als einen größeren Adressraum und löst so die im Laufe der letzten 20 Jahre diagnostizierten Probleme von IPv4. Bei allen Unterschieden zwischen den beiden IP Versionen bestehen jedoch auch viele Gemeinsamkeiten, was den Umstieg erheblich leichter gestaltet.

Um eine Migrationsstrategie für einen ISP auszuarbeiten, ist es erforderlich, entsprechende Migrationsverfahren zu kennen. Ngtrans hat hierfür bereits Vorarbeit in Form der oben beschriebenen Migrationsverfahren geleistet. Auf Basis dieser Verfahren ist im letzten Teil der Fallstudie eine Migrationsstrategie entwickelt worden, die dem ISP den reibungslosen Umstieg vom reinen IPv4 Provider zum IPv6 Provider ermöglicht.

Dies berücksichtigt auch eine anfängliche Lernphase mit dem Aufbau einer IPv6 Testinstallation. Da in den weiteren Schritten die IPv6 Infrastruktur sukzessive ausgebaut wird, sind die mit der Migration zu erwartenden Aufwände steuerbar und zeitlich gestreckt. Der Betrieb der vorhandenen IPv4 Infrastruktur zur Kommunikation mit IPv4 Kunden und ISPs kann dabei solange beibehalten werden, bis der Übergang in ein IPv6 Internet vollzogen ist.

16

Literatur

[Brau1999]	Braun, Torsten: IPnG, Neue Internet-Dienste und virtuelle Netze. dpunkt-Verlag, Heidelberg 1999.
[Huit2000]	Huitema Christian: IPv6 - die neue Generation. Addison Wesley, München 2000.
[Hust2000]	Huston, G.: Next Steps for the IP QoS Architecture. ftp://ftp.isi.edu/in-notes/rfc2990.txt . RFC 2990 Abruf 2004-02-07.
[IETF2002]	IETF: Next Generation Transition (ngtrans) Charter. http://www.ietf.org/html.charters/ngtrans-charter.html Abruf 2004-02-07.
[Style2003]	IPv6Style: Tech Tutorials - Learning about the IPv6 header. http://www.ipv6style.jp/en/tech/20030331/index.shtml Abruf am 2004-02-07.